FOLIO
JUNIOR

Textes : Pierre Rabhi et Claire Eggermont
Illustrations : Marc N'Guessan

Pierre Rabhi

et Claire Eggermont

L'enfant du désert

Illustré par
Marc N'Guessan

Préface de
J. M. G. Le Clézio

GALLIMARD JEUNESSE

Préface

Pour vous, qui allez découvrir dans ce livre cet homme merveilleux, j'ai envie de raconter une histoire vraie dans laquelle il est question d'un peuple amérindien, les Waunana qui vivent assez isolés dans la forêt de pluie du Darien, au Panama.

Mais auparavant, je voudrais vous dire pourquoi Pierre Rabhi a quelque chose en commun avec ce peuple.

Né en Algérie, dans le Sud saharien, Pierre Rabhi est aujourd'hui considéré comme un des héros de la contestation non violente et de l'écologie par tous ceux qui se sentent concernés par la menace de la société industrielle sur notre monde fragile. Depuis de nombreuses années, il est devenu un simple paysan en Ardèche, une région de France au climat âpre qui a dû lui rappeler son pays natal, où avec sa femme Michèle et ses enfants il cultive la terre à la manière traditionnelle, sans utiliser de pesticides ni d'engrais chimiques, et avec un minimum d'eau. Comme vous allez l'apprendre en lisant ces pages, Pierre Rabhi n'a pas toujours vécu cette vie rustique. Obligé par la condition de ses parents de venir travailler en France, il a d'abord été un ouvrier comme beaucoup d'autres, dans la précarité et l'insatisfaction. Puis il a décidé de changer, et de retourner à une vie meilleure.

Mais ce n'est pas pour cela que je voudrais vous parler des Indiens d'Amérique. Pierre Rabhi est un homme du désert, et ce qu'il a appris dans son enfance a été la grande leçon de sa vie : qu'il faut ménager la nature, et s'entendre avec elle, même si elle est parcimonieuse, plutôt que de chercher à la dominer par les artifices de la vie moderne. Cette leçon, les enfants qui naissent dans les régions pauvres de la planète la connaissent bien. Les Inuits du Grand Nord, les Touaregs du Sahara, les Amérindiens des hautes montagnes de Bolivie et de la forêt amazonienne sont élevés à cette même école de l'économie et de la protection de la nature. Ils savent bien que notre terre n'est pas inépuisable, et que nous n'en sommes pas les propriétaires, mais seulement les locataires (parfois turbulents). Ces leçons, Pierre Rabhi les a mises en pratique dans sa vie, non seulement dans sa petite ferme de Montchamp, mais aussi à travers le monde, particulièrement au Burkina Faso en rencontrant les agriculteurs et en leur proposant une alternative à la culture intensive qui n'enrichit que les entreprises multinationales et appauvrit les terres.

Dans ses livres et ses entretiens, Pierre Rabhi raconte souvent la même légende, d'origine amérindienne, celle du petit colibri (appelé aussi oiseau-mouche parce qu'il n'est guère plus grand qu'un insecte) qui cherchait à éteindre l'incendie de la forêt en apportant dans son bec quelques gouttes d'eau. Cela peut paraître dérisoire : quelques gouttes pour éteindre un incendie ! Mais si chaque oiseau de la forêt, et chaque habitant fait de même, les gouttes d'eau deviendront un cours puissant capable d'éteindre le feu.

Je n'ai jamais vu cet oiseau en action contre l'incendie. Mais lorsque je vivais dans la forêt du Darien, au Panama, j'ai été témoin d'une scène qui m'a ému.

Dans une clairière, des hommes, des femmes, des enfants, vêtus de blanc, dansaient et chantaient autour d'une pirogue en bois de balsa (le bois de balsa est très blanc et très léger). Lorsque j'ai demandé la raison de cette cérémonie, les Waunana m'ont donné cette réponse : « Nous dansons, nous chantons pour demander à Dieu (dans la langue waunana Dieu s'appelle Hewandam, comme pour les juifs on dit Jehova, et pour les musulmans Allah) de pardonner aux humains leurs erreurs, et d'empêcher le déluge. » Les Amérindiens sont comme le colibri de Pierre Rabhi. Ils sont petits par le nombre, et ils n'ont pas la puissance technologique des grands peuples de notre époque. Mais ils ne sont pas découragés, et ils gardent confiance dans leur danse et leur chant pour que la terre entière survive. Pierre Rabhi, l'homme du désert, est semblable à eux, et semblable au colibri, et c'est pourquoi nous avons beaucoup à apprendre en le lisant, en l'écoutant.

J'ai eu la chance de rencontrer Pierre Rabhi il y a quelques années. C'est un homme qui exprime ses convictions par tout son être, par son visage buriné et par ses mains calleuses. Dans son regard il y a toujours la même assurance malicieuse qui lui a permis de réaliser son projet écologique en dépit des difficultés économiques et du scepticisme. Peut-être un jour serez-vous, amis lecteurs, tentés de vous joindre par l'action à cette aventure, et de devenir, vous aussi, des « enfants du désert ».

J. M. G. Le Clézio

Chapitre 1
Une oasis au Sahara

Le désert s'étendait à perte de vue tout autour de l'oasis de Kenadsa. Rabah était né ici, dans cet îlot de verdure que la puissance de la vie et le travail des hommes avaient fait apparaître au milieu d'un océan de sable.

Il aimait son village et ses basses maisons de briques de terre crue dont les minuscules fenêtres préservaient les foyers de l'impitoyable soleil et des regards indiscrets. Seul le grand minaret se distinguait par sa verticalité et sa blancheur ; la vie était organisée autour de lui, rythmée par le chant du muezzin qui, cinq fois par jour, appelait les habitants à la prière. Tous, jardiniers, boulangers, cuisinières, cordonniers et autres artisans cessaient alors leurs activités pour se recueillir dans l'éternel silence.

Dans le foyer de Rabah vivaient ses parents, ses cinq frères et sa grand-mère. Certains disaient que celle-ci avait plus de cent ans ! Les doyennes avaient pris soin de leurs enfants ; maintenant, c'était à leurs enfants de prendre soin d'elles. Chacun trouvait sa place au sein de cette grande famille pour qui l'entraide et la chaleur humaine étaient les principales richesses. Ils partageaient les repas en cercle, autour du même plat, assis sur des peaux de mouton couvrant la terre battue.

Durant la saison la plus chaude, ils dormaient côte à côte sur la terrasse, dépliant leurs nattes à même le sol. Le village leur paraissait suspendu entre deux infinis ; le ciel était leur toit, leur espace était sans limites…

Le père de Rabah était forgeron, poète et musicien. Avec le feu, en faisant chanter l'enclume, il était capable de modeler les métaux et de fabriquer de nombreux outils utiles à la vie quotidienne. Après le repas du soir, il se retirait dans sa chambre et la douce musique de son luth berçait alors la maisonnée. Sa mère, quant à elle, s'affairait avec les autres femmes aux tâches nécessaires à la satisfaction des besoins quotidiens de la famille : cultiver les céréales, aller chercher bouses et ramures sèches pour le feu, moudre le grain, coudre et laver les vêtements, préparer les repas dans le chaudron de cuivre d'où émanait une délicieuse odeur d'épices. Parfois, pendant les fêtes du village, animée par les tambours et les chants, la maman de Rabah quittait tout ce qui la retenait ici-bas, s'envolait dans la danse, se laissait gagner par la transe et voyageait dans le monde des esprits.

Quand ils n'aidaient pas leurs parents ou que la chaleur ne les contraignait pas à l'immobilité, Rabah et les autres enfants arpentaient le dédale de ruelles de l'oasis à la recherche de petites trouvailles pour en faire de « fabuleux » jouets. Par la magie de leur imagination, une boîte de sardines bricolée avec quatre rondelles de bouchon devenait une petite voiture ; un vieux fil de fer tordu en forme de guidon faisait un vélo que tous se disputaient.

Chaque année, l'espoir de la pluie était interminable. La terre se craquelait de sécheresse, les récoltes diminuaient, les animaux maigrissaient. Dans ces moments où la vie et la mort se côtoyaient de près, jeunes et anciens invoquaient la clémence de Dieu. Quand enfin les premières gouttes se mettaient à tomber, d'un bout à l'autre du village, on pouvait entendre des cris de joie : « La pluie ! La pluie ! » Alors, le clan tout entier se rassemblait pour manifester son bonheur, sautant, tapant des mains, faisant résonner des tambours. Tous se laissaient tremper avec un immense plaisir par cette eau bénie, qui allait reverdir les jardins, remplir les puits et rafraîchir les cœurs.

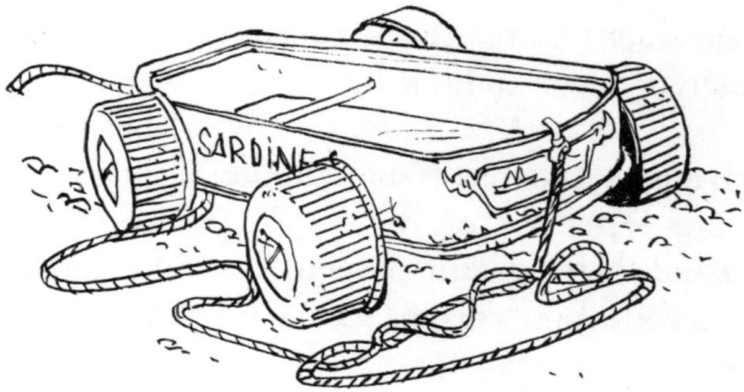

De temps en temps, un vent terrible s'acharnait sur le village.

Il soulevait des bourrasques de sable qui pénétrait dans les maisons et fouettait le visage de ceux qui osaient s'aventurer au-dehors. Caché sous le capuchon de sa djellaba, Rabah aimait rester seul dans la palmeraie. Là, adossé contre un palmier, il se disait avoir rendez-vous avec le vent et pouvait passer de longues heures à écouter le désert en furie. Il se demandait ce qu'il pouvait bien y avoir au-delà… Seuls les nuages et les oiseaux semblaient en détenir le secret ; le berger aussi peut-être, lui qui, chaque matin, accompagnait les animaux du village en quête des quelques broussailles qui feraient leur maigre repas.

Les caravanes des nomades fascinaient le jeune Rabah. Ces hommes libres et légers, venus de partout et de nulle part, avec leurs dromadaires chargés de sacs de céréales et de tous biens à échanger, disparaissaient à l'horizon sans que l'on sache dans combien de lunes on les reverrait.

Peu à peu, Rabah prenait conscience qu'il y avait bien une autre vie en dehors de l'oasis. Car des Roumis, ces étrangers à la peau blanche, commençaient à construire leurs maisons et s'installaient dans le pays.

On disait qu'ils venaient de loin, chercher dans les profondeurs de la terre des cailloux noirs qui brûlent. Cela inquiétait les anciens. Ils percevaient la venue de ces mécréants comme un mauvais présage. Chaque fois que Rabah et ses amis entendaient une de leurs « lotos » arriver, pétaradant et soulevant la poussière, ils se hâtaient d'escalader la dune pour observer ces gros scarabées brillants se déplacer bien plus vite que des chevaux ! C'était fascinant, mais le bruit et la fumée nauséabonde qu'ils dégageaient provoquaient dans le cœur du garçon un mélange de méfiance et de peur…

Un matin, Rabah vit sa grand-mère venir à lui les yeux emplis de larmes.

En un instant, il sut ce qu'elle allait lui annoncer. Son corps le lui disait ; il n'avait pas besoin de mots. Sa mère venait de s'éteindre ; la maladie l'avait emportée rejoindre les esprits. Comme le voulait la coutume, on l'ensevelit le jour même : son corps vêtu d'un linceul blanc fut remis au sein de la terre.

La vie reprit son cours. Mais pour Rabah, rien ne pourrait plus être comme avant. Son cœur était déchiré, privé de cette tendresse essentielle que rien ni personne ne pourrait jamais lui offrir.

Chapitre 2
Le monde des Roumis

Quelques années plus tard, vint le temps pour Rabah d'entrer à l'école coranique. À l'ombre de la grande mosquée, il se joignit aux autres élèves qui, accroupis à même le sol, copiaient et répétaient en chœur les versets du Coran. C'était un travail difficile pour les enfants, qui comprenaient mal la langue ancienne dans laquelle était rédigé le Livre saint. Avec l'aide de leur maître, le grand Taleb Ahmed à la longue barbe blanche, ils déchiffraient petit à petit ce que leur peuple considérait comme « la Parole de Dieu ». Pour la grand-mère de Rabah, c'était très important qu'il l'apprenne. Elle disait que cela le préserverait des génies malfaisants…

Tout leur matériel scolaire était fabriqué de leurs mains. En guise d'ardoises, ils recouvraient des

planches de bois avec de l'argile diluée dans de l'eau. Ils utilisaient la graisse sécrétée par la laine des moutons pour faire de l'encre et taillaient leurs plumes dans des roseaux.

À l'école, on leur apprenait aussi la non-violence, prônée par le fondateur de Kenadsa. Quand une dispute advenait, on la réglait en groupe, en se référant à la sagesse d'un ancien, jusqu'à ce que la rancune cède la place à la bienveillance et au pardon.

Mais en ce temps-là, le calme de l'oasis était troublé par les mines de charbon qui se multipliaient autour du village. Les Roumis promettaient une vie meilleure à ceux qui accepteraient de venir y travailler, extirpant des entrailles de la terre cette fameuse matière noire qui allait bouleverser le monde…

De nombreux hommes du désert, habitués à la lumière du soleil, s'engouffrèrent ainsi dans ces galeries obscures pour y extraire le minerai et gagner quelques sous.

De plus en plus d'objets modernes remplacèrent les outils traditionnels et bientôt, le père de Rabah n'eut plus de travail à la forge. Lui qui s'était remarié avait à présent sept enfants à nourrir. Il finit lui aussi par fermer son atelier et devenir un mineur.

Habile mécanicien, il conduisait désormais le train qui transportait le charbon dans des petits wagons. Le soir, Rabah le voyait rentrer à la maison épuisé, le visage noir, sali par la houille. Son père n'avait plus

le cœur ni à la poésie, ni à la musique. Sa vie venait de basculer dans un univers où il perdait sa dignité.

Les Roumis exigeaient des hommes qu'ils viennent travailler tous les jours, même quand ils n'en avaient ni besoin ni envie. Les montres remplaçaient la cadence auparavant donnée par le ciel, le soleil, la lune, les prières et les fêtes. On disait que c'était « le progrès » qui allait donner plein de bonheur à tout le monde.

La grand-mère de Rabah, elle, se méfiait de toutes ces promesses.

La première fois qu'elle vit une lampe à pétrole, elle sursauta et dit que ce liquide malodorant était le pus de la terre, et qu'il fallait le laisser là où Dieu l'avait mis.

Un matin, le père de Rabah vint le chercher, le visage grave, à la fois triste et sévère. Sans dire un mot, il l'emmena dans une autre école, celle des enfants des Roumis. Là, il le confia à l'institutrice et à son mari et tous les trois lui expliquèrent qu'il serait bien ici, qu'il apprendrait à lire et écrire la langue des Blancs afin qu'il puisse avoir un bon avenir. Apeuré, Rabah s'agrippa à la main de son père mais celui-ci le repoussa d'un geste ferme et s'en alla sans se retourner, peut-être pour mieux dissimuler les larmes provoquées par le choix douloureux qu'il venait de faire.

Rabah voulut le rattraper mais quatre grandes mains blanches l'en empêchèrent avec tendresse. Tandis que les deux étrangers face à lui se présentèrent délicatement comme ses nouveaux parents, le jeune garçon résigné sentit un nouveau déchirement lui fendre le cœur...

Comme obnubilée par la propreté, sa nouvelle mère le frictionna de la tête aux pieds et changea ses vêtements traditionnels par une chemise blanche et un short à bretelles. Elle lui retira aussi ses amulettes protectrices contenant des versets du Coran comme si c'étaient des objets sans importance. Sans l'avoir choisi, Rabah dut apprendre à se familiariser avec ce nouveau monde. Le mode de vie des Roumis lui paraissait si étrange ! Les murs des maisons étaient si plats, les sols si propres !

Et que dire de toutes ces tables, ces chaises, ces lits qu'il n'avait jamais utilisés auparavant ?

Les années passant et la gentillesse de ses nouveaux parents aidant, Rabah finit par s'habituer à cette étrange vie. Pour les grandes vacances, il retournait dans sa famille d'origine, retrouvait sa djellaba de laine et racontait à ses petits amis d'enfance ses étonnantes découvertes. Il était monté dans un « train » qui se déplaçait plus vite que n'importe quelle « loto ». Il avait vu un grand désert bleu et humide que l'on appelait la « mer ». Et un certain père Noël était venu du ciel pour lui apporter des cadeaux !

Ses récits éveillaient tantôt l'envie, tantôt la jalousie, et parfois, des querelles éclataient. Dans la maison de son père, le climat était tendu, car sa grand-mère était très fâchée de savoir que son petit-fils était élevé loin d'elle, par des Roumis.

Concilier ces deux univers souvent opposés était difficile pour le petit Rabah ! Dans l'un, roter indiquait que l'on avait bien mangé ; dans l'autre, c'était très impoli. Chez les peuples du désert, avoir un corps mince et sec affichait la vertu de la frugalité ; chez les Européens, c'était souvent vu comme un signe de mauvaise santé. Les musulmans lui enseignaient que Dieu n'avait jamais eu d'enfant ; les chrétiens lui disaient que Jésus était son fils. Sans cesse tiraillé entre tradition et modernité, Rabah cherchait sa place. Il se sentait attristé et perdu quand certains habitants de Kenadsa criaient sur son passage « Traître ! Traître ! », comme s'il avait trahi son peuple et sa religion… Lui ne savait plus à quel peuple il appartenait.

Chapitre 3
Le tourbillon de la ville

Lorsque Rabah eut quatorze ans, il déménagea avec ses parents adoptifs dans la ville d'Oran, à plus de sept-cents kilomètres de son oasis natale.

Bien loin des demeures de terre de Kenadsa, avec son dédale de ruelles étroites, il découvrit ici de grandes avenues bordées de maisons bien alignées, des vitrines illuminées et de nombreuses voitures circulant dans tous les sens. Les bâtiments étaient si hauts

qu'ils lui donnaient le vertige. Les portes vitrées des magasins étaient si peu familières pour lui qu'il s'y cognait parfois !

Forcé par le destin à s'adapter à ce monde nouveau, il apprit les règles qu'impose la ville et sentit peu à peu sa vie se transformer. Il étudiait à l'école Jules Renard, où il ne côtoyait plus que des Européens.

Au fil du temps, le français remplaça complètement sa langue maternelle et pénétra jusqu'à ses rêves. Avec ses gants en cuir et ses beaux vêtements taillés sur mesure, ses origines semblaient progressivement se dissiper pour laisser la place à un « civilisé » au cœur de fennec.

Lors des vacances suivantes, pendant un été torride, ses parents partirent en voyage en France. Ils allaient retrouver cette mystérieuse métropole qui intriguait tant le jeune Rabah. Se pouvait-il que le monde soit encore plus différent de l'autre côté de la mer Méditerranée ?

Quant à lui, il revint passer quelques mois au ksar, au moment même où sa grand-mère semblait l'attendre pour mourir. Bientôt, elle s'envola vers le ciel. Peu de temps avant, elle avait annoncé qu'elle sentait la mort approcher et qu'elle se préparait sereinement pour ce « grand voyage ». Elle avait recommandé à chacun de bien se conduire et après les avoir bénis, elle s'était éteinte, le visage en paix, laissant derrière elle un grand vide.

Son père ordonna à Rabah de retourner chez les Roumis dans l'espoir que, grâce à l'instruction, il obtienne un jour un bon travail, dans un bureau. Il garderait ainsi les « mains propres ». Ni l'un ni l'autre ne se doutaient que c'était la dernière fois qu'ils se voyaient. De retour à Oran, Rabah laissa derrière lui son passé. Il se passionna pour la littérature, la philosophie, la musique et l'opéra. Peu à peu, il s'intéressa également à la religion de ses nouveaux parents. Jusqu'ici, il s'en était toujours maintenu éloigné, peut-être parce que sa famille musulmane lui avait fait jurer de n'adorer qu'Allah, le dieu du désert. Mais la vie et le message de Jésus finirent par l'émouvoir profondément. Ce que disait ce prophète avec une grande insistance sur l'amour et la justice le touchait droit au cœur. « Aimez même vos ennemis ! »

Sans pouvoir se l'expliquer, le jeune adolescent était convaincu que l'amour est une force absolue, seule capable de concilier les opposés. Finalement, Rabah accepta d'être baptisé au sein de l'Église chrétienne, où il reçut le nouveau prénom de Pierre. Cela confirma son appartenance au monde des Roumis et lui permit de retrouver, au fond de lui, un sentiment d'unité.

Pendant ce temps-là, des conflits armés se multipliaient dans le pays. Revendiquant l'indépendance, des combattants algériens s'opposaient à l'armée française. Chaque jour, les journaux et la radio parlaient de nouveaux blessés ou tués. Pierre, plus que jamais, se questionnait sur l'éternel face-à-face des religions, des races et des cultures.

Pourquoi l'humain détruisait-il l'humain ? Il n'y avait rien de plus absurde ! Interpellé par les idées de Gandhi, qui avait consacré sa vie à la lutte contre les inégalités et la violence, Pierre pensait comme lui : « Œil pour œil, dent pour dent ne feraient jamais que des édentés et des aveugles ! »

Un jour, Pierre se disputa si fort avec son père adoptif que celui-ci le jeta brutalement à la rue. Désormais exilé de ses deux familles, il se retrouva sans aucune attache ni sécurité et fut contraint de prendre son destin en mains. Ne sachant où dormir, il tenta de trouver l'hospitalité auprès de ses amis et connaissances. À sa grande surprise, aucune de ces personnes, qui priaient pourtant à l'église chaque dimanche, ne lui ouvrit sa porte. Se sentant vulnérable mais confiant en la vie, il erra dans la rue à la recherche d'un travail. Un marchand de bonbons accepta de l'héberger dans son arrière-boutique et Pierre finit par trouver un travail comme employé de banque.

Derrière son guichet, il voyait défiler chaque jour toutes sortes de gens. D'humbles mères de famille venaient retirer quelques billets, qu'elles rangeaient soigneusement au fond de leur petit porte-monnaie. Quand il était contraint de leur annoncer qu'il n'y avait plus d'argent sur leur compte, certaines le suppliaient désespérément. Mais lui, la mort dans l'âme, ne pouvait rien faire et était tenu de passer au client suivant.

Au-dessus, dans le bureau de monsieur le directeur, des hommes d'affaires richement vêtus venaient déposer ou retirer des sommes importantes et méritaient alors toute l'attention complaisante du personnel. Pour Pierre, ce petit monde de la banque était à l'image du grand monde où richesse et misère cohabitent. Et il trouvait ces inégalités bien regrettables…

Face au miroir, la cravate qu'il devait se passer autour du cou chaque matin lui apparut soudain comme un nœud coulant et une laisse.

La civilisation avait-elle vraiment libéré l'homme comme elle le prétendait, ou l'avait-elle rendu esclave de l'argent ?

Se laissant aller à ses rêveries, Pierre se souvenait de son enfance dans l'oasis : en ce lieu, l'argent était rare et les gens, dès que l'essentiel était assuré, goûtaient au temps présent et manifestaient leur satisfaction par de multiples réjouissances.

Chapitre 4
Un bateau pour la France

Un beau matin, Pierre décida de ne plus aller travailler. Ce métier n'était vraiment pas fait pour lui ! Mais qu'allait-il devenir ? La guerre d'Algérie prenait de l'ampleur ; les campagnes et les villes étaient secouées, le travail se faisait rare. Alors il rassembla ses petites économies et, sur un coup de tête, il acheta un billet de bateau pour la France. Il allait enfin découvrir cette fameuse métropole dont ses parents adoptifs lui avaient tant parlé. Mais il partait vers l'inconnu et il était inquiet. De quoi allait-il vivre ? Où allait-il dormir ? « Liberté, Égalité, Fraternité… » Tandis qu'il traversait la Méditerranée à bord du *Clemenceau*, le regard perdu vers le grand large, la perspective de s'installer dans un pays édifié sur de telles valeurs lui réchauffait le cœur.

La ville de Paris lui parut monstrueuse dans son immensité. Des rangées d'immeubles s'étendaient à perte de vue, telles de gigantesques falaises de briques. Pierre imaginait leurs habitants rangés dans des casiers les uns au-dessus des autres, comme déracinés de la terre.

Dans les rues, des foules pressées se croisaient sans se parler ni se regarder. Chacun paraissait livré à lui-même, seul au milieu de tous.

Pierre trouva assez rapidement une petite chambre à louer et un travail d'ouvrier dans une usine. Chaque matin, à l'aube, il se laissait avaler par cette boîte à roulettes qui se déplaçait sous la terre et que les Parisiens appellent « métro ». Il trouvait particulièrement lugubre ce monde où le soleil n'apparaissait jamais.

LEGRAND
SARDINES
PARIS

À l'usine, sa mission consistait à ranger et classer des pièces de rechange pour les tracteurs et les machines agricoles. Pendant des heures, il répétait les mêmes gestes sous le regard sévère de son contremaître toujours de mauvaise humeur.

– Plus vite, plus vite ! ne cessait-il de vociférer aux ouvriers.

Aucun d'entre eux ne l'appréciait mais personne ne pouvait se permettre de se plaindre. Chacun avait trop besoin de son salaire pour prendre le risque d'être renvoyé !

Au bout de deux années, Pierre se sentait fatigué et dépité. Au lieu de la liberté et de l'égalité dont il avait rêvé, les êtres humains étaient ravalés au rang de producteurs et de consommateurs. Dans ce monde trop « sérieux », il n'y avait pas de place pour le rêve, la chaleur humaine, le repos ou la contemplation : il fallait être efficace, rentable, gagner du temps et ne jamais en perdre. Dans cette terrible frénésie, une minorité s'enrichissait et imposait ses lois. Le plus grand nombre ne pouvait que s'y soumettre pour survivre…

Partout, sur les murs et dans les journaux, les « réclames » vantaient les mérites des derniers articles à la mode et invitaient les citoyens à les acquérir sans fin. Adossé contre la vitre du métro, épuisé par une nouvelle journée à l'usine dans le bruit et les odeurs désagréables, Pierre regardait défiler les affiches de gourmandises, de voitures, de frigidaires, de vêtements de luxe et de bien d'autres objets attisant sans cesse l'envie. Toutes ces marchandises semblaient promettre le bonheur et la gloire, mais seulement à ceux qui pourraient les acquérir. Malgré cette abondance, le cœur des hommes ne semblait jamais satisfait. Une sensation de manque persistait.

« Avec l'argent, on peut tout acheter, pensa Pierre, sauf la joie. »

Au milieu de la grisaille, du boucan et de la dureté de l'usine, Pierre eut la chance de rencontrer Michèle. Avec ses grands yeux verts et ses belles boucles brunes, elle entra dans sa vie comme un vent de douceur et de fraîcheur. Très vite, ils se découvrirent des goûts communs pour la musique, la littérature et le théâtre. Après leur journée de travail, ils prirent l'habitude de se retrouver dans un café pour lire ensemble des textes philosophiques. Ces lectures alimentaient leurs réflexions sur le sens de la vie. L'être humain était-il fait pour produire et consommer jusqu'à la mort ? La terre et ses innombrables ressources avaient-elles été créées pour être exploitées jusqu'à l'épuisement total ? La course à l'argent avait-elle rendu le monde plus harmonieux ? Les humains plus heureux ? Ces réflexions pouvaient paraître sans importance mais elles étaient en train d'ouvrir leurs esprits, de nourrir leur aspiration à une autre vie, proche de la nature et de ses bienfaits.

Un rêve se mit à germer en eux : quitter la ville, s'installer à la campagne et cultiver la terre pour se nourrir. Cela devenait comme une obsession déraisonnable mais que rien ne pourrait plus dissiper. Le sort en était désormais jeté.

Chapitre 5
Retour à la terre-mère

Comme des bouteilles à la mer, nombreux furent les messages adressés à des personnes vivant à la campagne dont Michèle et Pierre entendaient parler ici ou là. Dans un premier temps, les retours étaient assez dissuasifs : « Votre projet est complètement fou ! », « Le travail de la terre est bien trop difficile ! », « Que voulez-vous faire ici ? Personne ne veut plus être paysan ! »... Malgré cela, ils continuaient à faire confiance à leur rêve. Et un beau jour, quelle ne fut leur joie de recevoir une lettre d'un certain docteur Richard, un médecin de campagne installé en Ardèche au pied des Cévennes, qui proposait de les aider !

Quelques mois plus tard, Pierre et Michèle se marièrent dans la petite église du village de Thines,

perchée au milieu d'honorables châtaigniers dans les montagnes cévenoles. Ils eurent pour seuls témoins la famille du docteur Richard. Cette cérémonie toute simple semblait bien augurer de l'avenir.

L'Ardèche avait gagné leur cœur au premier coup d'œil. Avec sa terre rocailleuse et ses reliefs escarpés, c'était une région que beaucoup considéraient comme pauvre. Y vivre était une prouesse ! Même les ânes peinaient à se déplacer sur les pentes escarpées ! À force de courage, d'entraide et d'ingéniosité, les anciens avaient su façonner ce paysage pour survivre. Utilisant les pierres que la montagne offre en abondance, ils avaient construit à la sueur de leur front et avec la détermination de leur cœur des kilomètres de murets pour soutenir le peu de terre nourricière. Le long de ces murets, parcourus d'étonnants petits canaux pour acheminer l'eau, des bassins avaient été aménagés au cœur des jardins. Pendant des siècles, les habitants avaient ainsi fondé leur survie sur la générosité du châtaignier, du seigle, de la chèvre et du mouton, mais aussi sur l'élevage du ver à soie nourri du feuillage des mûriers.

Depuis peu, la région était à l'abandon. Les journaux et la radio prônaient la « croissance », le « progrès », l'industrialisation et la consommation, et des centaines de jeunes quittaient les campagnes pour tenter leur chance en ville. La terre était délaissée. Les paysans étaient traités de « bouseux », de « culs-terreux », de

« moins-que-rien »… « Pourtant, se demanda Pierre, leur activité n'est-elle pas la plus essentielle de toutes ? N'est-ce pas eux qui nourrissent tous les autres ? »

À ses yeux comme à ceux de Michèle, l'Ardèche était au contraire apparue comme un trésor inestimable, par sa beauté, son calme, son air pur, la possibilité d'y vivre libres, proches de la nature. Certes, c'était une terre rude et isolée, mais cela rappelait à Pierre son désert natal. Et il aimait ces environnements sauvages, qui imposent tant de respect et d'humilité…

Pour commencer, on leur prêta un petit logis, où ils s'installèrent avec la seule et unique valise qui contenait tous leurs effets. Pierre devint élève dans une maison familiale rurale pour apprendre les bases de l'agriculture. À sa grande surprise, l'obsession du « toujours plus » qu'il avait rencontrée à l'usine se retrouvait à la campagne ! Les agriculteurs ne parlaient que de « rendement », de « quantité » et de « tracteurs ».

Le jour du traitement des arbres était pour Pierre un vrai cauchemar. Après avoir dilué dans de l'eau le contenu de petites fioles dont le symbole « tête de mort » révélait le danger, il devait les vaporiser sur les végétaux. Quelques minutes plus tard, des centaines d'insectes morts jonchaient le sol… Pierre était profondément choqué qu'on puisse répandre ainsi tant de poisons sur la terre. Ne pouvait-on pas la cultiver sans la détruire ? Pour Michèle et Pierre qui venaient d'accueillir leur premier enfant, il devenait urgent d'avoir leur propre ferme afin de pouvoir y vivre comme ils l'entendaient.

Après de longues recherches, ils découvrirent la ferme de Montchamp, au bout d'un chemin presque impraticable. Ils eurent la certitude que ce lieu les attendait. Abandonnée sur les hauteurs d'une colline, au milieu d'un vaste espace de roches, de chênes et de broussailles, la maison, en piteux état, était comme immergée dans la patience. Il n'y avait ni électricité ni eau courante. Le peu de terre cultivable avait été arraché par l'obstination et la sueur humaines. Les pierres avaient été regroupées en murets. La rudesse du lieu avait donc tout pour effrayer le jeune couple.

Malgré cela, l'harmonie qui régnait dans le merveilleux bois de Païolive, l'horizon qui laissait entrevoir dix-sept clochers (ils les avaient comptés en arrivant !), le silence, la beauté des levers et couchers de soleil eurent raison de tout découragement. Grâce à l'aide d'un ami, ils purent emprunter à la banque la somme nécessaire pour acquérir le petit domaine.

L'emménagement fut rapide : ils ne possédaient presque rien et la ferme était vide, hormis une vieille armoire et une grande horloge qu'il fallut réveiller d'un long sommeil. Les murs étaient noirs de suie et une délicieuse odeur de feu de bois embaumait encore la pièce.

Pendant des années où certitudes et incertitudes s'entremêlaient, ils vécurent ainsi assez pauvrement. Étant dans l'obligation de rembourser chaque année leur emprunt à la banque, Michèle accepta un emploi d'enseignante chez des religieuses du village voisin, tandis que Pierre restaurait la ferme et d'autres vieilles bâtisses des environs. Il n'avait jamais été formé pour être maçon, mais il exerçait ce métier avec finesse et bon sens, et la qualité de son travail fut vite reconnue.

Il se sentait proche des paysans qui avaient bâti ces solides maisons de pierre avec leurs mains robustes. Ainsi savait-il les restaurer sans trahir leur caractère.

Désireux d'offrir un peu plus de confort à Michèle et à leur petite fille, il travaillait sans relâche et

revenait le soir, épuisé. Il remerciait la vaillante petite mobylette qu'on lui avait prêtée et qui savait le ramener au foyer sans effort…

Les hivers étaient rudes, les automnes aussi, avec leurs trombes de pluie qui rendaient impossible toute activité extérieure. C'est lors de ces longues journées humides que les mains de Pierre se mirent à sculpter spontanément un morceau de bois, puis à modeler de la terre.

On aurait dit que se réveillaient à travers elles l'habileté de son père et celle de tous ses ancêtres… Il construisit un four avec des briques de récupération et se mit ainsi à fabriquer des bijoux et des statuettes qui intéressèrent des acheteurs.

Cela procura un peu de soulagement à la difficile précarité. Pierre ne tarissait pas de gratitude à l'égard de ses mains, dont l'habileté naturelle lui permit de

s'improviser maçon, menuisier, plombier, jardinier... Sans elles, il n'aurait jamais pu s'en sortir !

Leur chienne Io contribua aussi à améliorer leur sort. Un jour plus difficile que d'autres, Pierre eut l'idée de parcourir le bois avec elle à la recherche de truffes, ces précieux champignons parfumés qui poussent sous les racines de certains arbres et que des marchands étaient prêts à payer un prix incroyable. D'instinct, Io sut le guider jusqu'aux très convoités

« diamants noirs ». Et bientôt, l'argent collecté avec ce cadeau de la nature permit de rembourser les dettes dues à la banque.

De temps en temps, laissant la mélodie de son violon apaiser la fatigue et les soucis, Pierre observait et admirait Michèle qui s'occupait de leurs enfants – désormais au nombre de deux – et accomplissait les tâches quotidiennes avec très peu d'eau, à la lueur de la bougie ou de la lampe à pétrole, sans jamais se plaindre. Ils se sentaient tous deux unis dans un même courage, avançant coûte que coûte sur le chemin de leur étrange destinée. Les mois passaient, dans une succession d'espoir et de désespoir. Ce n'était pas toujours facile, mais un bonheur simple habitait leur cœur…

Chapitre 6
Des chèvres et un jardin

Quand un troisième enfant vint agrandir la famille, Michèle arrêta de travailler à l'extérieur et se demanda comment créer un petit revenu en restant à la ferme. Il n'y avait pas assez d'eau ni de terre assez fertile pour espérer obtenir rapidement des récoltes. Alors ils eurent l'idée de constituer un troupeau de chèvres. Le bois environnant, ses étonnants rochers sculptés par le temps et ses sentiers escarpés seraient un environnement parfait pour elles ! Une première bête offerte par des amis leur permit d'apprendre à traire et à soigner ce genre d'animal. Puis Pierre ramena de Bourgogne un bouc et d'autres femelles. Une voisine paysanne leur enseigna comment faire le fromage, et bientôt, Michèle commença l'activité de fromagère avec quelques seaux et cuvettes au milieu de la cuisine. Chaque jour, elle emmenait les chèvres se nourrir dans les bois, portant d'une main son dernier enfant dans un couffin, de l'autre quelques travaux

de couture à terminer. Pour gagner du temps, elle les laissait parfois vagabonder seules dans la nature, au risque de devoir les chercher bien longtemps pour les ramener à la chèvrerie…

Le fromage de Michèle fut très vite un succès ; grâce à son savoir-faire et à la bonne alimentation des chèvres, c'était un vrai délice ! Les clients venaient à la ferme pour en acheter et Pierre se rendait chaque samedi au marché.

Leur troupeau atteignit trente chèvres et jamais ils ne voulurent en avoir plus. Ils étaient bien conscients que des chèvres trop nombreuses sont dangereuses pour la nature. Il suffisait de voir comment deux ou trois d'entre elles pouvaient s'attaquer à des petits arbres et les anéantir en peu de temps ! Et puis trente chèvres, c'était déjà beaucoup de travail, et suffisant pour gagner l'argent dont ils avaient besoin pour vivre.

De son côté, Pierre se consacra au jardin. Il commença sur une petite parcelle, qu'il agrandit au fil des années. Là, il enleva les cailloux, comme les anciens l'avaient fait avant lui pour dégager des petites surfaces de terre.

Parce qu'il ne voulait pas produire de la nourriture en détruisant la nature, il décida de faire autrement. Tant pis si les agriculteurs voisins se moquaient de lui et juraient qu'il ne récolterait jamais rien ! Le docteur Richard, lui, l'encourageait dans sa démarche. En tant que médecin, il était le meilleur témoin des dégâts provoqués par les produits chimiques sur la santé de ses patients, dont beaucoup étaient paysans. Certains avaient attrapé des maladies de peau, d'autres des infections aux yeux ou aux poumons, quelques-uns même en étaient morts !

Il offrit à son ami un livre intitulé *La Fécondité de la terre*, d'un scientifique allemand dénommé Pfeiffer. Pour Pierre, ce fut une révélation qui lui permit d'ouvrir les yeux sur l'intelligence de la vie. La terre y était décrite comme un véritable être vivant, qui avait besoin d'être elle-même bien nourrie pour donner de bons fruits et de bons légumes.

Par ses lectures et en observant la nature, Pierre découvrit qu'aucun élément n'était isolé des autres. L'humus et les microbes nourrissent la terre, qui nourrit les plantes, qui nourrissent les animaux, qui, eux-mêmes, rejettent par leurs crottes et leurs bouses les

minéraux dans le sol. Tout est relié et c'est ainsi que la vie se perpétue depuis les origines. Même la lune et les étoiles ont une influence sur les cultures ! Et l'humain est inclus dans cette grande roue de la vie puisque lui-même se nourrit des végétaux et des animaux. Si la terre est empoisonnée, alors comment s'étonner que l'homme tombe malade ?

Pierre décida de reproduire les processus naturels pour rendre la terre de sa ferme plus fertile qu'elle ne l'était. Il récupéra le fumier des chèvres avec la paille répandue dans la chèvrerie où elles dormaient. Il le mélangea avec tous les déchets végétaux produits par la ferme, des branchages aux épluchures de légumes issues de leurs repas.

Il rassembla le tout en un gros tas qu'il humidifia avec de l'eau, ce qui le fit naturellement chauffer et fermenter. Avec sa fourche, il le retourna de temps en temps afin de bien mélanger les matières.

Et au bout de quelques mois, il découvrit qu'elles s'étaient transformées en une belle terre noire, dont l'odeur faisait penser à celle de la forêt après la pluie. Il avait réalisé son premier compost !

Les légumes qui poussaient sur la terre ainsi nourrie avaient eux-mêmes un parfum et un goût incomparables, et leur effet sur la santé était des plus bénéfiques.

Dès lors, Pierre ne cessa d'améliorer cette méthode qui lui procurait de quoi enrichir le sol sans aucun

apport chimique. Sa terre lui offrait des récoltes de plus en plus abondantes avec de moins en moins d'eau. Elle devenait aussi plus vivante : des vers de terre s'y multipliaient, contribuant à l'aérer et à la nourrir, pour qu'elle puisse mieux nourrir à son tour. Pierre fut envahi par une joie intense en voyant la vie se déployer dans sa terre ! Il planta de nombreux arbres fruitiers là où auparavant il n'y avait qu'un vaste terrain nu, sec et dur comme la roche. Il agrandit la surface de ses jardins et se mit à produire tout ce qu'il pouvait pour répondre aux besoins de sa famille.

Au fil de ses expériences, il découvrit qu'il était important de ne pas retourner trop profondément la terre afin de ne pas bouleverser son équilibre. Il s'aperçut également que certaines plantes cultivées côte à côte se renforçaient et se protégeaient mutuellement contre les attaques de certains insectes.

Enfin, il décida de ne jamais cultiver deux années de suite la même chose au même endroit. Car chaque végétal apportait et prélevait dans le sol des nutriments différents. Ainsi, la terre de Montchamp, au lieu de s'appauvrir, deviendrait de plus en plus généreuse !

Il sentit naître en lui un amour infini pour cette terre-mère à laquelle nous devons tous la vie. La moindre graine le fascinait. Pourquoi germait-elle ?

Comment l'une pouvait-elle devenir tomate et l'autre courgette ou concombre ? Comment, partant de rien, pouvaient-elles donner de vigoureuses plantes portant souvent de grandes quantités de fruits, dont chacun offrait à son tour quantité de graines ? Il ne pouvait l'expliquer. C'était le grand mystère de la vie…

Chapitre 7
Le pays des hommes intègres

Après quelques dures années, Michèle et Pierre pouvaient se réjouir des fruits de leurs efforts. Les résultats obtenus sur la ferme étaient très encourageants et étonnaient le voisinage. Au bout de sept ans, l'eau courante avait été installée, puis l'électricité six ans après, et leur niveau de vie très simple s'était amélioré. Ils faisaient toujours attention à ne rien gaspiller pour mieux savourer l'essentiel. En toute chose, ils cherchaient la modération, conscients que les ressources de la terre ne peuvent répondre à tous nos désirs, à toutes nos folies.

Ils se sentaient riches et heureux de pouvoir satisfaire par eux-mêmes une bonne partie de leurs besoins.

Petit à petit, les gens des environs s'intéressèrent à leur travail. Pierre organisa alors des petites causeries

pendant lesquelles il partageait ses expériences. À cette époque, de nombreux jeunes citadins désiraient s'installer à la campagne. Eux non plus n'étaient pas d'accord avec une société qui avait fait de la consommation et du gaspillage un mode de vie. Eux aussi aspiraient à vivre libres, en jouissant des biens de la nature, et souhaitaient apprendre l'agriculture pour y parvenir. Michèle et Pierre, qui avaient besoin d'aide sur la ferme, accueillirent alors plusieurs stagiaires. Certains y séjournèrent longtemps, et devinrent comme des grands frères et sœurs pour les cinq enfants de la famille.

Un jour, parmi les stagiaires, arriva un homme africain originaire du Burkina Faso. Il s'appelait Saïbou. Il était en visite en France pour découvrir des savoirs et des savoir-faire agricoles pouvant aider son peuple. Accueilli par Michèle et Pierre, il leur raconta son histoire :

« De grandes sécheresses ont ravagé mon pays. Les Blancs nous ont convaincus d'acheter des engrais chimiques et de laisser nos jardins pour ne cultiver que du coton, des arachides et du cacao. Ils nous ont promis que nous gagnerions beaucoup d'argent et pourrions ainsi sortir de la pauvreté. Mais cela a abîmé encore plus nos terres et nos récoltes n'ont cessé de diminuer. Pour payer les engrais, en nous endettant, nous nous sommes ruinés. Nos familles n'ont plus rien à manger, nos greniers se sont vidés ; nous ne savons

plus comment nous en sortir. Beaucoup de jeunes sont partis tenter leur chance dans les villes, bon nombre sont devenus misérables. »

Quand Saïbou découvrit les pratiques naturelles que Pierre appliquait sur sa ferme pour redonner vie à sa terre très pauvre, un grand espoir envahit son cœur. Il était certain que ces méthodes pouvaient aider les paysans de son pays ! Cette manière de faire n'exigeait aucun argent et était donc accessible aux plus démunis.

Quelques mois plus tard, Pierre fut invité par le gouvernement du Burkina Faso pour enseigner son « agroécologie » dans des écoles pour jeunes agriculteurs. À son arrivée à l'aéroport de Ouagadougou, il fut surpris par le grouillement de vie qui animait la capitale. Des centaines de motocyclettes et de vieilles voitures chargées à ras bord se mêlaient aux charrettes, aux vélos et aux piétons dont les vêtements colorés égayaient la ville. De nombreuses vendeuses arpentaient les rues, leur bébé sur le dos et sur la tête de grands plateaux chargés de fruits, de poissons séchés et d'arachides. Un brouhaha et le vent enveloppaient le tout dans une brume de poussière vertigineuse.

Pierre retrouva d'emblée quelques saveurs et sensations de son enfance : le soleil ardent, le corps amolli

par la chaleur, les rumeurs lointaines des chants, des tam-tams et de l'appel à la prière, les visages des enfants, souriant malgré la nourriture insuffisante. Fidèle à la chaleur humaine de son peuple, Saïbou accueillit Pierre avec une hospitalité remarquable, non seulement comme un ami, mais comme un frère.

Sur sa petite moto brinquebalante, sillonnant les routes cabossées du pays, il lui fit découvrir sa culture et le mena en brousse, là où les paysans l'attendaient.

Pierre était heureux que son expérience puisse être utile à d'autres.

Mais une fois sorti de la capitale, c'est avec une grande tristesse qu'il découvrit que la terre rouge de l'Afrique était en train de devenir un grand désert. La couverture végétale disparaissait, détruite par la sécheresse, par les animaux qui la broutaient, par les hommes… Complètement dénudée, la terre était livrée à la violence des vents et des pluies qui la lessivaient plus qu'elles ne l'abreuvaient. Les grandes fissures qui la déchiraient finissaient par mettre à nu son squelette...

Sans perdre de temps, Pierre rassembla les paysans. Accroupi parmi eux, sous l'ombre d'un grand arbre, il savoura l'eau dans la calebasse qu'on lui tendit en signe de bienvenue.

Ainsi réconforté, il prit la parole : « Notre terre est une mère qui vit et qui respire. Vous lui demandez beaucoup, mais vous ne lui donnez rien en retour.

Vous devez l'aimer et la nourrir. Aujourd'hui, elle est affamée, fatiguée. L'esprit de la terre est fâché. Les produits chimiques l'ont agressée. C'est peut-être parce que les hommes n'ont plus respecté la vie qu'elle se retourne contre eux… Il est urgent de recréer le grand cercle de la solidarité entre le ciel, la terre, les végétaux, les animaux et vous-mêmes. »

Les paysans écoutaient avec beaucoup d'attention. Ils étaient touchés, émus. Ils se souvenaient que leurs grands-parents savaient comment soigner la terre. Mais eux avaient oublié.

Ils suivirent les conseils de Pierre pour réaliser de bons composts avec ce qu'ils avaient : le fumier des animaux, les pailles, les feuilles mortes, les bouses, des os et de la cendre. Pierre leur montra aussi comment construire de longs cordons en pierre qui aideraient l'eau de la pluie à s'infiltrer dans la terre et à lui redonner vie. Il leur apprit à soigner les plantes malades avec d'autres plantes. Et il leur dit d'aller faire le tour des villages pour retrouver auprès des anciens les graines qu'ils cultivaient auparavant. « Ces semences sont bien meilleures que celles des Blancs. Elles sont naturelles et adaptées à votre terre. C'est l'un des dons les plus importants de la vie. Grâce à chacune de vos récoltes de graines, vous pourrez semer de nouveau l'année suivante. Si les semences naturelles venaient à disparaître, nous ne pourrions plus vivre. Ce trésor est plus précieux que tout l'or de la terre. »

Pendant plusieurs années, Pierre revint ainsi passer tous les hivers au Burkina Faso, quand sa ferme en Ardèche, entretenue par Michèle, exigeait moins de travail. Il devint un « paysan sans frontières », enseignant partout où cela était possible une agriculture respectueuse de la vie. Ses efforts face à la famine qui s'étendait en Afrique étaient insuffisants, mais l'agriculture écologique ne cessait de se répandre.

Chapitre 8
Redonner vie au désert

À Montchamp, la vie suivait un cours tranquille, animée par les chèvres et les travaux de plantation. La terre poursuivait sa lente transformation vers toujours plus de vie. Les abeilles, les papillons et les oiseaux étaient de plus en plus nombreux. Les arbres grandissaient.

Les enfants s'y sentaient heureux. Quand leur père rentrait d'Afrique, ils célébraient leurs retrouvailles en musique, mêlant la mélodie du violon à celle du piano, de la guitare et du tambour.

Michèle accueillait de temps en temps des classes entières à la ferme. Cela permettait à d'autres enfants de s'approcher de la terre-mère dont ils étaient très éloignés. Plus tard, leur fille Sophie poursuivra cette activité en créant une école non loin de Montchamp.

Un matin – les cadeaux du Ciel arrivant souvent quand on ne les attend plus –, un certain Maurice se présenta à Montchamp pour rencontrer Pierre. Avec ses cheveux ébouriffés et sa grosse moustache, Maurice Freund était un personnage surprenant ! Révolté lui aussi par les injustices qui sévissent sur la planète, il avait créé avec des amis une petite compagnie aérienne, le Point Mulhouse. Il voulait aider les pays les plus pauvres et les plus reculés à entrer en relation avec le reste du monde. En vendant les billets d'avion les moins chers du marché, il souhaitait rendre le voyage accessible au plus grand nombre.

À l'extrême nord-est du Burkina Faso, dans un petit village appelé Gorom-Gorom, il avait fait construire un hôtel en plein désert et ses avions permettaient d'amener des touristes jusqu'à Ouagadougou, la capitale. Il espérait que l'argent ainsi gagné

aiderait la population à mieux vivre. Mais hélas, au lieu de cela, le campement était devenu un lieu de luxe et de fêtes au sein de la misère environnante…

Cette confrontation provoqua beaucoup de critiques parfois violentes.

Face à cette situation désastreuse, et s'appuyant sur leur solide amitié et leur confiance mutuelle, Maurice et Pierre décidèrent de transformer le campement hôtelier de Gorom-Gorom en un centre de formation à l'agroécologie, tout en lui conservant son rôle de lieu d'accueil.

Et c'est ainsi que pendant quatre ans, plusieurs centaines de paysans, hommes et femmes de toutes les régions du pays, représentants d'associations et de groupements, vinrent s'initier à l'agriculture naturelle, sous la responsabilité de Pierre.

Un jour, un vieux Touareg prit la parole au nom du groupe en disant :

– Ce que nous avons appris ici est bon. En rentrant dans nos villages, nous le dirons à nos parents, à nos épouses, à nos voisins et à nos enfants.

De retour chez eux, les paysans et même les anciens nomades ne tardaient pas à mettre en pratique ce qu'ils avaient appris.

Leurs expériences montraient l'exemple : rapidement, leurs champs reverdissaient, leurs récoltes devenaient abondantes et leur assuraient des jours tranquilles.

En ce temps-là, le président du pays s'appelait Thomas Sankara. Il avait entendu parler de ce petit homme venu de France qui enseignait aux paysans une manière de travailler qui rendait la terre plus fertile sans dépenser d'argent pour les engrais. Il apporta

son soutien à Pierre et lui proposa même de réformer toute l'agriculture du Burkina Faso ! Malheureusement, le président fut bientôt assassiné et remplacé. Ce fut une grande tristesse et une grande déception pour Pierre. Cependant, tous les élèves qu'il avait formés ne comptaient pas en rester là ! Bientôt, ils enseignèrent eux-mêmes l'agroécologie à des centaines d'autres paysans.

C'est ainsi que doucement mais sûrement, l'agroécologie se répandit à travers toute l'Afrique de l'Ouest. De paysan à paysan, de village à village, la certitude qu'il était possible de redonner vie au désert

fut portée par les vents et toucha le cœur des hommes et des femmes de bon vouloir. Dans de nombreuses régions du Burkina Faso, mais aussi du Mali, du Sénégal, du Togo, du Niger, les jardins se multipliaient, les semences anciennes reprenaient leur place dans les champs, l'alimentation des familles se diversifiait, la malnutrition des enfants diminuait et parfois même disparaissait.

En France, des personnes se réunirent pour soutenir Pierre dans ses actions. Elles créèrent d'abord la petite association des Amis de Pierre Rabhi qui grossit et devint plus tard Terre & Humanisme.

Des centaines de stagiaires et bénévoles y furent accueillis pour acquérir les bases du jardinage écologique et réfléchir à un autre modèle de société. De nouvelles formations furent proposées pour aider les paysans dans d'autres régions du monde : en Tunisie, au Maroc, en Palestine ou ailleurs.

Pour Pierre et ses compagnons, la faim dans le monde ne devait pas être considérée comme une fatalité. Elle est la fille de l'égoïsme des hommes. La planète est immensément riche et pourrait nourrir l'ensemble de l'humanité. Mais les humains ont fait de l'argent la valeur suprême et s'entretuent pour cela.

Ils semblent même fiers de leurs inventions meurtrières ! Les paysans des pays pauvres en argent, mais riches en convivialité, en sont les premières victimes. Quelques grosses entreprises internationales exploitent leurs ressources, déboisent leurs forêts, pompent les réserves de pétrole de leur sous-sol, accaparent leurs sources d'eau et leurs mines de diamants, en ne leur laissant que quelques miettes du gâteau… Et, souvent, revenaient à l'esprit de Pierre les sages paroles d'un chef indien : « Quand le dernier arbre aura été abattu, quand la dernière rivière aura été empoisonnée, quand le dernier poisson aura été pêché, alors les hommes sauront que l'argent ne se mange pas. »

Chapitre 9
La simplicité heureuse

L'état du monde, les famines, les guerres, les pollutions, les souffrances, les rivalités et les compétitions laissaient Pierre perplexe. Comment d'une planète paradis étions-nous parvenus à faire un tel enfer ?

Pourquoi avions-nous perfectionné l'art de tuer et de détruire, plutôt que de dédier notre intelligence, toutes nos capacités et nos moyens au service de la Vie ? L'humanité serait-elle la plus grosse catastrophe naturelle que la Terre ait endurée ? L'humain s'était proclamé lui-même le roi de la création. « Quelle vanité ! s'écriait Pierre. Ce n'est sûrement pas un congrès de girafes et d'éléphants qui l'a ainsi mis sur le trône terrestre ! »

Partout où il passait, Pierre partageait son expérience et son regard sur la vie. Ses talents de conteur se déployaient et touchaient le cœur de tous ceux qui l'écoutaient. Éprouvant le besoin de coucher sur papier son incroyable destin, il publia *Du Sahara aux Cévennes*, un premier livre sur son histoire, puis un deuxième sur son aventure africaine, chez un petit éditeur courageux qui s'appelait Candide. Tous deux reçurent des prix littéraires cévenols. De nombreux autres ouvrages allaient suivre, dont certains seraient traduits en plusieurs langues, même en coréen et en japonais !

Entre ses nombreux voyages et engagements dans divers projets et pays, Pierre gardait toujours un temps pour cultiver son potager. Les mains dans la terre,

il s'éloignait de la cadence du monde moderne pour retrouver les rythmes éternels, ceux de la nature au sein de l'univers, ceux qui se retrouvent dans notre respiration et les battements de notre cœur, mais aussi dans le silence. Là, accueilli par la terre, caressé par le vent, émerveillé par la profusion de vie qu'offre la nature, il se sentait en grande communion avec tout ce qui vit. Même les rochers lui paraissaient vivants : ils semblaient être les gardiens de la mémoire de la longue histoire de l'humanité, à la fois triste et joyeuse.

Un sentiment d'amour et d'éternité imprégnait Pierre au plus profond de son être…

Un soir, après avoir coupé, le jour durant, du bois à la main avec l'aide d'un voisin, il s'assit pour se reposer et contempler le soleil couchant. À l'horizon, se découpait la magnifique silhouette d'un grand arbre.

Devant tant de beauté, Pierre s'extasiait et dit doucement à son ami :

– Regarde…

Au lieu de partager son admiration, l'autre lui répondit en évaluant la taille de l'arbre :

– Oui, il y a au moins six stères !…

Cette réaction confirma à Pierre que notre obsession du pratique et du rentable était en train d'ôter toute poésie au monde. Il devenait évident pour lui que notre planète ne pourrait jamais changer si l'homme ne se changeait pas d'abord. « En voulant tout posséder, l'humain rompt l'équilibre de la vie, se dit-il encore. Un lion mange une antilope parce qu'il a faim. Mais il n'a pas de banque ni d'entrepôt d'antilopes ! Les animaux ne prélèvent à la terre que ce qui leur est nécessaire pour survivre… »

Inlassablement, il poursuivait sa réflexion et son engagement. Il encouragea en France la création de villages écologiques et solidaires, qu'il appela, peut-être en souvenir de son enfance, des « Oasis en tous lieux ».

Car même au sein de maisons débordantes d'objets et de superflu, en plein cœur de nos pays dits développés et de la foule des villes, il existait bel et bien des déserts de solitude. Dans cet univers, l'abondance des plaisirs ne donnait pas la joie pure, plus précieuse que tout. Pierre voyait l'itinéraire des humains dans le monde moderne comme un enfermement perpétuel. Ne passaient-ils pas toute leur vie dans des boîtes ? Étudiant dans des lycées appelés « bahuts », travaillant dans des grandes ou des petites « boîtes », s'amusant en « boîte », se déplaçant dans leur « caisse », et finissant dans une dernière et ultime « boîte » ?

Pour Pierre, la liberté, ce n'était pas cela. « Je ne crois pas à la puissance des comptes en banque, expliquait-il dans les conférences où il était de plus en plus fréquemment invité. La vraie puissance, c'est la capacité des humains à se contenter de peu et à créer de la joie en vivant simplement, dans le respect de toutes les formes de vie. »

Au fil des ans, son message toucha de plus en plus de monde. Urbains, ruraux, pauvres, riches, noirs, blancs, tous se reconnaissaient dans cette quête de sens, d'harmonie et de bonheur.

BANQUE

Chapitre 10
Faire sa part

Entre deux voyages, formations ou conférences, assis dans le train ou dans l'avion, Pierre se demandait pourquoi l'humanité était arrivée sur la Terre… Dans ses rêveries, il imaginait la planète comme une magnifique oasis de vie perdue au sein d'un immense désert intersidéral, seulement peuplé d'étoiles… « Après s'être faite si belle, illuminée par un soleil ardent, parée de ses forêts et de ses océans, de ses fleurs et de ses animaux, de ses couleurs et de ses senteurs, peut-être a-t-elle fait venir l'être humain pour en être admirée, pour qu'il prenne soin d'elle comme elle prend soin de lui en lui offrant tout ce dont il a besoin ? » songeait-il.

Quelle que soit notre couleur de peau, nous étions tous unis sur ce même vaisseau. Les idées, les religions,

les rivalités, la cupidité avaient divisé les hommes et partout sur la planète se déployait la violence et se perfectionnaient les armes pour la servir le mieux possible. Il était urgent de cesser de nous entretuer et de donner à notre Terre un nouveau cap. Urgent de sortir de la surconsommation et de vivre dans une véritable « sobriété heureuse ». Urgent que chaque communauté humaine réponde à ses propres besoins alimentaires et redevienne autonome. Urgent que chacun de nous change au plus profond de lui-même, apaise ses peurs et ses souffrances, respecte la différence, développe l'entraide avec son voisin, et prenne soin du petit bout de terre sur lequel il vit…

Pour encourager ses auditeurs dans cette démarche, Pierre racontait souvent cette légende amérindienne qu'il aimait tout particulièrement :

Un jour, dit la légende, *il y eut un immense incendie de forêt. Tous les animaux* étaient *terrifiés et ne savaient que faire. De son côté, un tout petit colibri, grand comme un oiseau-mouche, s'activait. Il volait jusqu'à la rivière,*

prenait quelques gouttes dans son bec et revenait aussitôt les jeter sur le feu. Et, sans relâche, il recommençait. Le tatou, surpris et irrité par ce comportement absurde, lui dit : « Mais que fais-tu, colibri ? Tu ne crois quand même pas pouvoir éteindre le feu avec ces quelques gouttes d'eau ? » Le colibri lui répondit en le regardant droit dans les yeux : « Je le sais, mais je fais ma part ! »

En 2002, toujours habillé de vêtements simples, de bretelles et de sandales, Pierre osa se présenter à l'élection présidentielle pour répondre aux

sollicitations de nombreuses personnes. Oh non, il n'espérait pas devenir président ! Ce qu'il souhaitait, c'était semer des graines dans le cœur et dans la tête du plus grand nombre de personnes. Les inciter à élever leurs consciences. Et témoigner qu'il est possible de coopérer avec la Vie et d'inventer une autre manière d'habiter la Terre. Il donna des conférences dans toutes les régions de France. Les salles se remplirent et devinrent des lieux de débats et d'échanges sur l'écologie, l'éducation, l'agriculture, l'émancipation des femmes et bien d'autres sujets.

Quelques années plus tard, ses idées engendrèrent la création d'un vaste mouvement citoyen, appelé *Colibris*, comme l'oiseau de la légende.

Ce mouvement regroupe aujourd'hui des milliers de personnes motivées par la création d'une société respectueuse de la Terre et de l'humain. Beaucoup d'entre elles se mettent à cultiver un jardin et changent leur mode de vie vers plus de simplicité et d'harmonie. De nombreuses « Oasis » voient le jour, dans lesquelles les gens prennent soin les uns des autres, des plus jeunes aux plus vieux, et prennent aussi soin de la Terre-mère.

La renommée de ce petit homme né au fin fond du désert ne fait, depuis, que grandir. Des chanteurs, des philosophes, des acteurs, des écrivains et d'autres personnages célèbres s'intéressent à lui et lui offrent leur soutien. Certains hommes politiques veulent le rencontrer et échanger avec lui.

Il a écrit le livre *Graines de possibles* avec son ami Nicolas Hulot et est souvent invité sur les plateaux de télévision et dans les studios de radio. Il a reçu la médaille de chevalier de la Légion d'honneur, en récompense des services rendus à son pays. Son action est reconnue par l'Unesco.

Son nom a été donné à une rue, à un parc et à plusieurs centres sociaux en France, ainsi qu'à de nombreuses écoles d'agroécologie en Afrique.

De temps en temps, au beau milieu de toutes ses activités, Pierre s'arrête et admire la ferme de Montchamp. Elle aussi est devenue une véritable oasis de vie.

D'une terre abandonnée et asséchée, ils ont créé ce que Michèle appelle « un petit paradis ». Même si la maison est restée en travaux pendant près de trente ans et même si leur aventure a parfois été difficile, tous deux ne regrettent rien. Levant les yeux au ciel, Pierre revoit le chemin parcouru. Il se souvient d'où il est parti et regarde là où il est arrivé.

Et il se questionne sur le destin :

« Est-ce nous qui créons notre propre chemin ou est-ce lui qui s'impose à nous ? Suivre son cœur, c'est certainement là l'essentiel... »

Finalement, tous les honneurs reçus l'ont empli de gratitude et stimulent son courage pour continuer à servir les humains et la nature, et contribuer à l'indispensable paix universelle.

Toi aussi, jeune lecteur, jeune lectrice, tu peux « faire ta part ». Comme le petit colibri et comme Pierre, l'enfant du désert, tu peux participer, par chacun de tes actes et de tes pensées, à la naissance d'un nouveau monde, où les êtres humains vivront enfin en paix sur la Terre.

Pour aller plus loin

Quelques repères…

1938 : Pierre naît en Algérie, dans l'oasis de Kenadsa.
1942 : Pierre est confié par son père à un couple de Français pour être éduqué, tout en restant en lien avec son milieu d'origine.
1952 : Pierre déménage dans la ville d'Oran avec sa famille d'adoption.
1959 : À 21 ans, Pierre quitte l'Algérie et embarque pour la France.
1961 : Pierre et sa femme Michèle s'installent en Ardèche.
1963 : Pierre et Michèle achètent la ferme de Montchamp et s'y installent dans des conditions très précaires.
1973 : Des premiers stagiaires sont accueillis à la ferme et Pierre commence à transmettre son savoir-faire.
1975 : L'électricité arrive enfin à Montchamp !
1981 : Pierre retrouve la terre africaine et anime

une première formation pour les jeunes agriculteurs du Burkina Faso.
1983 : Pierre écrit son premier livre, *Du Sahara aux Cévennes*.
1984 : Maurice Freund vient à la rencontre de Pierre. Ensemble, ils font du campement hôtelier de Gorom-Gorom le premier centre africain de formation à l'agroécologie.
1994 : En France, des personnes se réunissent pour soutenir Pierre dans le développement de ses actions et créent l'association Les Amis de Pierre Rabhi.
1995 : Pierre est de plus en plus sollicité pour des conférences et des formations. Il est reconnu par l'ONU « expert pour la sécurité alimentaire des populations et la lutte contre la désertification ».
1999 : Les Amis de Pierre Rabhi devient l'association Terre & Humanisme.
2002 : Pierre se présente à l'élection présidentielle et transmet son message partout en France.
2003 : Sophie, la fille de Pierre, crée avec plusieurs partenaires le Hameau des Buis, une oasis de vie proche de Montchamp. Aujourd'hui, elle regroupe une vingtaine de logements écologiques, une école alternative de près de 80 élèves, une ferme et un centre de formation.
2008 : Le Mouvement Colibris est créé, regroupant des dizaines d'associations et des milliers de citoyens désireux de « faire leur part » dans la création d'un monde respectueux de la Terre et de l'humain.

Pour mieux comprendre…

L'islam

L'islam est une religion apparue en Arabie au VIIe siècle. Comme le christianisme, c'est une religion monothéiste, c'est-à-dire fondée sur la croyance en un seul dieu. Les fidèles de l'islam sont appelés les musulmans. Pour eux, le Coran est un livre sacré. Ses 6 236 versets contiennent l'ensemble des révélations faites par Dieu au prophète Mohammed, qui les a ensuite transmises aux hommes. Le nom de Dieu est Allah en arabe, mais les musulmans lui donnent aussi 99 autres noms. D'après les cinq piliers de l'islam, tout musulman doit prier cinq fois par jour en se tournant en direction de La Mecque.

Le soufisme est l'un des courants de l'islam, pratiqué par la famille de Pierre en Algérie. Il privilégie une approche intérieure de la religion et prône l'amour comme seul et unique chemin menant à Dieu.

La colonisation

La colonisation désigne l'occupation d'un territoire par un peuple ou un pays étranger. Déjà, plusieurs siècles avant Jésus-Christ, les empires grec et romain s'étaient ainsi étendus autour de la Méditerranée.
Mais c'est au XIXe siècle que la colonisation prend une ampleur particulière.
Les pays européens, alors en plein essor industriel, cherchent à étendre leur puissance et à s'enrichir en exploitant les territoires et les ressources d'autres pays. En 1884, lors de la conférence de Berlin, ils se partagent entièrement l'Afrique. L'Asie est aussi largement colonisée, à l'exception de la Thaïlande et de l'Iran. Souvent, les conquêtes se font sans difficulté, les Européens possédant une énorme avance technologique sur des peuples qui n'ont pas ou ont peu de moyens de se défendre. L'Angleterre et la France deviennent les deux empires principaux.
Si les colons prétendent aider au « développement » des territoires qu'ils envahissent, les effets de la colonisation sont discutables. D'un côté, les colons mettent en place de nouveaux moyens de transport, des usines et même des écoles et des hôpitaux. D'un autre côté, ils s'approprient souvent les meilleures terres, exploitent parfois les populations indigènes et détruisent les cultures et savoir-faire locaux.
Ils introduisent l'agriculture moderne fondée sur l'utilisation d'engrais chimiques et répandent un mode de développement fondé sur le « toujours plus » et le

« temps-argent » qui génère des inégalités et dégrade rapidement l'environnement.
Au début du XXe siècle, dans divers pays colonisés, des mouvements nationalistes commencent à réclamer leur indépendance. Des contestations s'organisent, des conflits éclatent et débouchent parfois sur des guerres d'indépendance, comme ce fut le cas en Algérie dans les années 1950 et 1960.

Le charbon
Le charbon est une roche de couleur noire formée par l'accumulation et la transformation très lente et très ancienne des débris végétaux. La plupart des gisements de charbon se sont formés sous terre il y a 300 ou 350 millions d'années. En Chine, l'usage du charbon est très ancien, mais c'est seulement lors de la révolution industrielle, au XIXe siècle, que les hommes ont commencé à l'utiliser de façon intensive. Pour cela, ils ont creusé de longues galeries dans le sol à la manière des taupes, appelées des « mines » de charbon.
L'extraction du charbon dans les mines est un travail pénible et dangereux, non seulement à cause des accidents, des éboulements, du manque d'air, mais aussi des effets des gaz et des poussières sur la santé des mineurs.
Le charbon permet de produire de l'électricité et de l'acier. Grâce à l'acier, les premiers chemins de fer, wagons, voitures ont pu être fabriqués.

L’inconvénient du charbon est qu’il est très polluant. Le fait de le brûler pour faire fonctionner des usines ou des véhicules à vapeur dégage du dioxyde de carbone dans l’air et participe au réchauffement climatique. Il a été peu à peu remplacé par le gaz et le pétrole, puis plus récemment par des énergies renouvelables. Toutefois, il représente encore un tiers de la production mondiale d’énergie.
Dans le village de Kenadsa où Pierre est né, les premières mines ont été creusées en 1917. Très vite, la région est devenue un important bassin minier et l’exploitation du charbon a complètement révolutionné le mode de vie des populations locales.

La révolution industrielle

La révolution industrielle est une période historique qui a commencé au début du XIXe siècle et s’est poursuivie jusqu’au XXe siècle. Elle a reposé sur des découvertes et des innovations technologiques qui ont bouleversé le mode de vie des humains, leurs méthodes de production, leurs échanges et leurs déplacements.
Les machines à vapeur ont remplacé la force animale. Elles ont servi de moteurs aux premières locomotives et automobiles ainsi qu’aux bateaux à vapeur. Le charbon s’est substitué au bois et a permis la fabrication de nombreux objets en métal.
Dans le textile, les métiers à filer et à tisser mécaniques ont multiplié par dix les quantités de tissu

produites. L'industrie chimique s'est développée et les engrais chimiques ont fait leur apparition dans l'agriculture.
L'ampoule électrique a été inventée en 1879. Le télégraphe électrique fut expérimenté en 1844 et a donné naissance, trente ans plus tard, au premier téléphone. Avec la révolution industrielle, la puissance des machines et l'utilisation des moteurs ont réduit peu à peu le travail à domicile et les petits ateliers. Les groupes humains, auparavant paysans, ont délaissé leurs activités artisanales et agricoles pour « gagner leur vie » dans les usines et les nouvelles entreprises en ville. Ce fut l'« exode rural ». Pour Pierre Rabhi, la révolution industrielle n'a pas été un réel « progrès » sur tous les plans. Elle représente une rupture entre l'homme et la nature, dont les ressources ont été pillées de manière excessive pour répondre aux besoins des industries. De plus, le confort et les biens matériels qu'elle a générés n'ont bénéficié qu'à une minorité de la population mondiale et n'ont pas permis à l'humanité de progresser vers davantage de paix et de joie…

L'agroécologie

L'agroécologie est une pratique agricole permettant de produire une alimentation de qualité tout en préservant et en régénérant l'environnement naturel. Elle entend redonner vie à des écosystèmes harmonieux en rendant la terre plus fertile, en luttant contre la

désertification, en préservant la biodiversité et en optimisant l'usage de l'eau. Elle s'apparente à l'agriculture biologique mais va plus loin.
Pour Pierre Rabhi, l'agroécologie est aussi un modèle de société et un art de vivre qui replacent l'être humain et son intelligence au service de la vie. Selon lui, la paix dans le monde ne pourra advenir que si les hommes et les femmes, au Nord et au Sud, accèdent à l'autonomie alimentaire et se réconcilient avec la nature.

Gandhi
Gandhi était un homme politique et un guide spirituel indien, engagé pour l'indépendance de son pays face à la colonisation anglaise. Il encouragea son peuple à reprendre ses droits de manière non violente et à sortir de toute forme de discrimination. Il prit position pour que les droits des femmes soient reconnus et qu'il n'y ait plus de caste supérieure ou inférieure. Il incita les fermiers et les travailleurs pauvres à protester contre les taxes trop élevées que leur demandait le gouvernement anglais, notamment la « taxe du sel ». Il revendiquait l'autonomie économique de son pays et appelait chacun à vivre simplement et à fabriquer ses propres vêtements de manière artisanale, pour ne pas donner davantage de pouvoir aux usines et à ceux qui les dirigeaient.
Il fut emprisonné plusieurs fois en Inde et en Afrique du Sud pour ses actions, et fut assassiné en 1948. Il

est aujourd'hui reconnu dans le monde entier comme « Mahatma », qui signifie « grande âme ».
Le message et les actions de Gandhi ont été une grande source d'inspiration pour Pierre. « Vivre simplement pour que simplement d'autres puissent vivre », « Être le changement que nous souhaitons pour le monde » font partie des valeurs centrales prônées par les deux hommes.

Thomas Sankara
De 1983 à 1987, Thomas Sankara fut le président de la République de la Haute-Volta, à qui il donna le nom africain de Burkina Faso, ou « pays des hommes intègres ».
À la manière de Gandhi, il s'engagea pour l'émancipation de son pays, la fin de la tutelle française et la lutte contre la corruption des dirigeants. Il prit parti pour les plus faibles, encouragea l'économie locale, l'autosuffisance alimentaire et la production textile nationale. Il offrit son soutien à Pierre Rabhi et décida de faire de l'agroécologie une politique nationale. Il abolit le travail obligatoire qui frappait les petits paysans et interdit l'excision (une mutilation sexuelle des femmes) et la polygamie (le fait pour un homme d'avoir plusieurs épouses). Il fut assassiné en 1987 lors d'un coup d'État. Aujourd'hui encore, il est perçu comme un héros par la jeunesse africaine.

Quelques définitions…

Amérindiens
Ce sont les premiers habitants de l'Amérique, présents avant l'arrivée des Européens à partir de la fin du XVe siècle.
Amulette
C'est un objet, réputé magique, que l'on porte sur soi pour attirer le bonheur et la chance, éloigner les maladies ou les mauvais sorts.
Calebasse
Grand fruit de la famille des potirons qui est utilisé, une fois sec, comme récipient pour de l'eau ou des céréales.
Cévenol
C'est l'adjectif qui est relatif aux Cévennes, région naturelle située dans le sud de la France.
Compost
C'est une terre organique très riche, produite par l'homme, par la décomposition de matières végétales.

Contremaître
C'est celui qui dirige et supervise le travail d'autres employés dans les usines, sur les chantiers, ou dans les ateliers.
Coran
C'est le livre sacré de l'islam pour les musulmans.
Djellaba
C'est une sorte de robe très ample, à capuchon, portée par les hommes en Afrique du Nord.
Famine
C'est une situation dans laquelle la population d'une région donnée manque de nourriture.
Houille
C'est le nom donné à une sorte de charbon.
Humus
C'est la couche supérieure du sol, créée naturellement par la décomposition de la matière organique (feuilles, herbes, champignons...), principalement par l'action des animaux et des bactéries du sol.
Ksar
En Afrique du Nord, c'est le nom donné à certains villages, généralement situés au pied des montagnes.
Linceul
C'est un tissu dans lequel on entoure les morts avant de les enterrer.
Luth
C'est un instrument musical à cordes pincées, ressemblant à une guitare en forme de demi-poire avec un manche.

Malnutrition
C'est une maladie causée par une mauvaise alimentation ; dans les pays pauvres, elle est le plus souvent provoquée par un manque de nourriture.
Mécréant
C'est une personne qui n'adhère à aucune religion.
Minaret
C'est la tour de la mosquée.
Mosquée
Dans la religion musulmane, les lieux où les gens se rassemblent pour prier et étudier le Coran sont appelés des « mosquées ».
Muezzin
C'est l'homme religieux qui appelle cinq fois par jour, du haut du minaret, les habitants à la prière.
Nutriments
Ce sont les composants élémentaires contenus dans les aliments ou dans le sol, nécessaires aux êtres vivants pour leur développement et leur croissance.
Roumis
C'est le nom donné par les musulmans aux chrétiens et, plus généralement, aux Européens.
Semences
C'est le nom que l'on donne aux graines destinées à être semées.
Stère
C'est le terme utilisé pour mesurer un volume de bois coupé. Il correspond à un cube de un mètre sur un mètre sur un mètre.

Tiers-monde
C'est le nom donné aux pays pauvres ou dits « en voie de développement ».
Transe
Dans différentes religions, lors de cérémonies, on dit que les personnes entrent en « transe » quand leur esprit est transporté hors de leur corps, dans un état où elles peuvent voir le monde invisible et communiquer avec les esprits.
Verset
C'est un paragraphe d'un chapitre d'un texte religieux, comme la Bible ou le Coran.

Cet ouvrage a été imprimé avec des encres à base d'huiles végétales.

Le papier de cet ouvrage est composé de fibres naturelles,
renouvelables, recyclables et fabriquées à partir de bois
provenant de forêts gérées durablement.

Mise en pages : Maryline Gatepaille

Loi n° 49-956 du 16 juillet 1949
sur les publications destinées à la jeunesse
ISBN : 978-2-07-511607-7
Numéro d'édition : 362819
Dépôt légal : septembre 2019

Imprimé en Espagne par Novoprint (Barcelone)